Passwords

Copyright@2019 Cottage Garden Publishing
All rights reserved

A

Website:_____
Username/Login:_____
Password/Pin:_____
Email:_____
Notes:_____
_____

Website:_____
Username/Login:_____
Password/Pin:_____
Email:_____
Notes:_____
_____

Website:_____
Username/Login:_____
Password/Pin:_____
Email:_____
Notes:_____
_____

Website:_____
Username/Login:_____
Password/Pin:_____
Email:_____
Notes:_____
_____

A

Website:_____
Username/Login:_____
Password/Pin:_____
Email:_____
Notes:_____
_____

Website:_____
Username/Login:_____
Password/Pin:_____
Email:_____
Notes:_____
_____

Website:_____
Username/Login:_____
Password/Pin:_____
Email:_____
Notes:_____
_____

Website:_____
Username/Login:_____
Password/Pin:_____
Email:_____
Notes:_____
_____

A

Website:_____
Username/Login:_____
Password/Pin:_____
Email:_____
Notes:_____
_____

Website:_____
Username/Login:_____
Password/Pin:_____
Email:_____
Notes:_____
_____

Website:_____
Username/Login:_____
Password/Pin:_____
Email:_____
Notes:_____
_____

Website:_____
Username/Login:_____
Password/Pin:_____
Email:_____
Notes:_____
_____

A

Website:_____
Username/Login:_____
Password/Pin:_____
Email:_____
Notes:_____
_____

Website:_____
Username/Login:_____
Password/Pin:_____
Email:_____
Notes:_____
_____

Website:_____
Username/Login:_____
Password/Pin:_____
Email:_____
Notes:_____
_____

Website:_____
Username/Login:_____
Password/Pin:_____
Email:_____
Notes:_____
_____

B

Website:_____
Username/Login:_____
Password/Pin:_____
Email:_____
Notes:_____
_____

Website:_____
Username/Login:_____
Password/Pin:_____
Email:_____
Notes:_____
_____

Website:_____
Username/Login:_____
Password/Pin:_____
Email:_____
Notes:_____
_____

Website:_____
Username/Login:_____
Password/Pin:_____
Email:_____
Notes:_____
_____

B

Website:_____
Username/Login:_____
Password/Pin:_____
Email:_____
Notes:_____
_____

Website:_____
Username/Login:_____
Password/Pin:_____
Email:_____
Notes:_____
_____

Website:_____
Username/Login:_____
Password/Pin:_____
Email:_____
Notes:_____
_____

Website:_____
Username/Login:_____
Password/Pin:_____
Email:_____
Notes:_____
_____

B

Website:_____
Username/Login:_____
Password/Pin:_____
Email:_____
Notes:_____
_____

Website:_____
Username/Login:_____
Password/Pin:_____
Email:_____
Notes:_____
_____

Website:_____
Username/Login:_____
Password/Pin:_____
Email:_____
Notes:_____
_____

Website:_____
Username/Login:_____
Password/Pin:_____
Email:_____
Notes:_____
_____

B

Website:_____
Username/Login:_____
Password/Pin:_____
Email:_____
Notes:_____
_____

Website:_____
Username/Login:_____
Password/Pin:_____
Email:_____
Notes:_____
_____

Website:_____
Username/Login:_____
Password/Pin:_____
Email:_____
Notes:_____
_____

Website:_____
Username/Login:_____
Password/Pin:_____
Email:_____
Notes:_____
_____

C

Website:_____
Username/Login:_____
Password/Pin:_____
Email:_____
Notes:_____
_____

Website:_____
Username/Login:_____
Password/Pin:_____
Email:_____
Notes:_____
_____

Website:_____
Username/Login:_____
Password/Pin:_____
Email:_____
Notes:_____
_____

Website:_____
Username/Login:_____
Password/Pin:_____
Email:_____
Notes:_____
_____

C

Website:_____
Username/Login:_____
Password/Pin:_____
Email:_____
Notes:_____
_____

Website:_____
Username/Login:_____
Password/Pin:_____
Email:_____
Notes:_____
_____

Website:_____
Username/Login:_____
Password/Pin:_____
Email:_____
Notes:_____
_____

Website:_____
Username/Login:_____
Password/Pin:_____
Email:_____
Notes:_____
_____

C

Website:_____
Username/Login:_____
Password/Pin:_____
Email:_____
Notes:_____
_____

Website:_____
Username/Login:_____
Password/Pin:_____
Email:_____
Notes:_____
_____

Website:_____
Username/Login:_____
Password/Pin:_____
Email:_____
Notes:_____
_____

Website:_____
Username/Login:_____
Password/Pin:_____
Email:_____
Notes:_____
_____

C

Website:_____
Username/Login:_____
Password/Pin:_____
Email:_____
Notes:_____
_____

Website:_____
Username/Login:_____
Password/Pin:_____
Email:_____
Notes:_____
_____

Website:_____
Username/Login:_____
Password/Pin:_____
Email:_____
Notes:_____
_____

Website:_____
Username/Login:_____
Password/Pin:_____
Email:_____
Notes:_____
_____

D

Website:_____
Username/Login:_____
Password/Pin:_____
Email:_____
Notes:_____
_____

Website:_____
Username/Login:_____
Password/Pin:_____
Email:_____
Notes:_____
_____

Website:_____
Username/Login:_____
Password/Pin:_____
Email:_____
Notes:_____
_____

Website:_____
Username/Login:_____
Password/Pin:_____
Email:_____
Notes:_____
_____

D

Website:_____
Username/Login:_____
Password/Pin:_____
Email:_____
Notes:_____
_____

Website:_____
Username/Login:_____
Password/Pin:_____
Email:_____
Notes:_____
_____

Website:_____
Username/Login:_____
Password/Pin:_____
Email:_____
Notes:_____
_____

Website:_____
Username/Login:_____
Password/Pin:_____
Email:_____
Notes:_____
_____

D

Website:_____
Username/Login:_____
Password/Pin:_____
Email:_____
Notes:_____
_____

Website:_____
Username/Login:_____
Password/Pin:_____
Email:_____
Notes:_____
_____

Website:_____
Username/Login:_____
Password/Pin:_____
Email:_____
Notes:_____
_____

Website:_____
Username/Login:_____
Password/Pin:_____
Email:_____
Notes:_____
_____

D

Website:_____
Username/Login:_____
Password/Pin:_____
Email:_____
Notes:_____
_____

Website:_____
Username/Login:_____
Password/Pin:_____
Email:_____
Notes:_____
_____

Website:_____
Username/Login:_____
Password/Pin:_____
Email:_____
Notes:_____
_____

Website:_____
Username/Login:_____
Password/Pin:_____
Email:_____
Notes:_____
_____

E

Website:_____
Username/Login:_____
Password/Pin:_____
Email:_____
Notes:_____
_____

Website:_____
Username/Login:_____
Password/Pin:_____
Email:_____
Notes:_____
_____

Website:_____
Username/Login:_____
Password/Pin:_____
Email:_____
Notes:_____
_____

Website:_____
Username/Login:_____
Password/Pin:_____
Email:_____
Notes:_____
_____

E

Website:_____
Username/Login:_____
Password/Pin:_____
Email:_____
Notes:_____
_____

Website:_____
Username/Login:_____
Password/Pin:_____
Email:_____
Notes:_____
_____

Website:_____
Username/Login:_____
Password/Pin:_____
Email:_____
Notes:_____
_____

Website:_____
Username/Login:_____
Password/Pin:_____
Email:_____
Notes:_____
_____

E

Website:_____
Username/Login:_____
Password/Pin:_____
Email:_____
Notes:_____
_____

Website:_____
Username/Login:_____
Password/Pin:_____
Email:_____
Notes:_____
_____

Website:_____
Username/Login:_____
Password/Pin:_____
Email:_____
Notes:_____
_____

Website:_____
Username/Login:_____
Password/Pin:_____
Email:_____
Notes:_____
_____

E

Website:_____
Username/Login:_____
Password/Pin:_____
Email:_____
Notes:_____
_____

Website:_____
Username/Login:_____
Password/Pin:_____
Email:_____
Notes:_____
_____

Website:_____
Username/Login:_____
Password/Pin:_____
Email:_____
Notes:_____
_____

Website:_____
Username/Login:_____
Password/Pin:_____
Email:_____
Notes:_____
_____

F

Website:_____
Username/Login:_____
Password/Pin:_____
Email:_____
Notes:_____
_____

Website:_____
Username/Login:_____
Password/Pin:_____
Email:_____
Notes:_____
_____

Website:_____
Username/Login:_____
Password/Pin:_____
Email:_____
Notes:_____
_____

Website:_____
Username/Login:_____
Password/Pin:_____
Email:_____
Notes:_____
_____

F

Website:_____
Username/Login:_____
Password/Pin:_____
Email:_____
Notes:_____
_____

Website:_____
Username/Login:_____
Password/Pin:_____
Email:_____
Notes:_____
_____

Website:_____
Username/Login:_____
Password/Pin:_____
Email:_____
Notes:_____
_____

Website:_____
Username/Login:_____
Password/Pin:_____
Email:_____
Notes:_____
_____

F

Website:_____
Username/Login:_____
Password/Pin:_____
Email:_____
Notes:_____
_____

Website:_____
Username/Login:_____
Password/Pin:_____
Email:_____
Notes:_____
_____

Website:_____
Username/Login:_____
Password/Pin:_____
Email:_____
Notes:_____
_____

Website:_____
Username/Login:_____
Password/Pin:_____
Email:_____
Notes:_____
_____

F

Website:_____
Username/Login:_____
Password/Pin:_____
Email:_____
Notes:_____
_____

Website:_____
Username/Login:_____
Password/Pin:_____
Email:_____
Notes:_____
_____

Website:_____
Username/Login:_____
Password/Pin:_____
Email:_____
Notes:_____
_____

Website:_____
Username/Login:_____
Password/Pin:_____
Email:_____
Notes:_____
_____

G

Website:_____
Username/Login:_____
Password/Pin:_____
Email:_____
Notes:_____
_____

Website:_____
Username/Login:_____
Password/Pin:_____
Email:_____
Notes:_____
_____

Website:_____
Username/Login:_____
Password/Pin:_____
Email:_____
Notes:_____
_____

Website:_____
Username/Login:_____
Password/Pin:_____
Email:_____
Notes:_____
_____

G

Website:_____
Username/Login:_____
Password/Pin:_____
Email:_____
Notes:_____
_____

Website:_____
Username/Login:_____
Password/Pin:_____
Email:_____
Notes:_____
_____

Website:_____
Username/Login:_____
Password/Pin:_____
Email:_____
Notes:_____
_____

Website:_____
Username/Login:_____
Password/Pin:_____
Email:_____
Notes:_____
_____

G

Website:_____
Username/Login:_____
Password/Pin:_____
Email:_____
Notes:_____
_____

Website:_____
Username/Login:_____
Password/Pin:_____
Email:_____
Notes:_____
_____

Website:_____
Username/Login:_____
Password/Pin:_____
Email:_____
Notes:_____
_____

Website:_____
Username/Login:_____
Password/Pin:_____
Email:_____
Notes:_____
_____

G

Website:_____
Username/Login:_____
Password/Pin:_____
Email:_____
Notes:_____
_____

Website:_____
Username/Login:_____
Password/Pin:_____
Email:_____
Notes:_____
_____

Website:_____
Username/Login:_____
Password/Pin:_____
Email:_____
Notes:_____
_____

Website:_____
Username/Login:_____
Password/Pin:_____
Email:_____
Notes:_____
_____

H

Website:_____
Username/Login:_____
Password/Pin:_____
Email:_____
Notes:_____
_____

Website:_____
Username/Login:_____
Password/Pin:_____
Email:_____
Notes:_____
_____

Website:_____
Username/Login:_____
Password/Pin:_____
Email:_____
Notes:_____
_____

Website:_____
Username/Login:_____
Password/Pin:_____
Email:_____
Notes:_____
_____

H

Website:_____
Username/Login:_____
Password/Pin:_____
Email:_____
Notes:_____
_____

Website:_____
Username/Login:_____
Password/Pin:_____
Email:_____
Notes:_____
_____

Website:_____
Username/Login:_____
Password/Pin:_____
Email:_____
Notes:_____
_____

Website:_____
Username/Login:_____
Password/Pin:_____
Email:_____
Notes:_____
_____

H

Website:_____
Username/Login:_____
Password/Pin:_____
Email:_____
Notes:_____
_____

Website:_____
Username/Login:_____
Password/Pin:_____
Email:_____
Notes:_____
_____

Website:_____
Username/Login:_____
Password/Pin:_____
Email:_____
Notes:_____
_____

Website:_____
Username/Login:_____
Password/Pin:_____
Email:_____
Notes:_____
_____

H

Website:_____
Username/Login:_____
Password/Pin:_____
Email:_____
Notes:_____
_____

Website:_____
Username/Login:_____
Password/Pin:_____
Email:_____
Notes:_____
_____

Website:_____
Username/Login:_____
Password/Pin:_____
Email:_____
Notes:_____
_____

Website:_____
Username/Login:_____
Password/Pin:_____
Email:_____
Notes:_____
_____

I

Website:_____
Username/Login:_____
Password/Pin:_____
Email:_____
Notes:_____
_____

Website:_____
Username/Login:_____
Password/Pin:_____
Email:_____
Notes:_____
_____

Website:_____
Username/Login:_____
Password/Pin:_____
Email:_____
Notes:_____
_____

Website:_____
Username/Login:_____
Password/Pin:_____
Email:_____
Notes:_____
_____

I

Website:_____
Username/Login:_____
Password/Pin:_____
Email:_____
Notes:_____
_____

Website:_____
Username/Login:_____
Password/Pin:_____
Email:_____
Notes:_____
_____

Website:_____
Username/Login:_____
Password/Pin:_____
Email:_____
Notes:_____
_____

Website:_____
Username/Login:_____
Password/Pin:_____
Email:_____
Notes:_____
_____

I

Website:_____
Username/Login:_____
Password/Pin:_____
Email:_____
Notes:_____
_____

Website:_____
Username/Login:_____
Password/Pin:_____
Email:_____
Notes:_____
_____

Website:_____
Username/Login:_____
Password/Pin:_____
Email:_____
Notes:_____
_____

Website:_____
Username/Login:_____
Password/Pin:_____
Email:_____
Notes:_____
_____

I

Website:_____
Username/Login:_____
Password/Pin:_____
Email:_____
Notes:_____
_____

Website:_____
Username/Login:_____
Password/Pin:_____
Email:_____
Notes:_____
_____

Website:_____
Username/Login:_____
Password/Pin:_____
Email:_____
Notes:_____
_____

Website:_____
Username/Login:_____
Password/Pin:_____
Email:_____
Notes:_____
_____

J

Website:_____
Username/Login:_____
Password/Pin:_____
Email:_____
Notes:_____
_____

Website:_____
Username/Login:_____
Password/Pin:_____
Email:_____
Notes:_____
_____

Website:_____
Username/Login:_____
Password/Pin:_____
Email:_____
Notes:_____
_____

Website:_____
Username/Login:_____
Password/Pin:_____
Email:_____
Notes:_____
_____

J

Website:_____
Username/Login:_____
Password/Pin:_____
Email:_____
Notes:_____
_____

Website:_____
Username/Login:_____
Password/Pin:_____
Email:_____
Notes:_____
_____

Website:_____
Username/Login:_____
Password/Pin:_____
Email:_____
Notes:_____
_____

Website:_____
Username/Login:_____
Password/Pin:_____
Email:_____
Notes:_____
_____

J

Website:_____
Username/Login:_____
Password/Pin:_____
Email:_____
Notes:_____
_____

Website:_____
Username/Login:_____
Password/Pin:_____
Email:_____
Notes:_____
_____

Website:_____
Username/Login:_____
Password/Pin:_____
Email:_____
Notes:_____
_____

Website:_____
Username/Login:_____
Password/Pin:_____
Email:_____
Notes:_____
_____

J

Website:_____
Username/Login:_____
Password/Pin:_____
Email:_____
Notes:_____
_____

Website:_____
Username/Login:_____
Password/Pin:_____
Email:_____
Notes:_____
_____

Website:_____
Username/Login:_____
Password/Pin:_____
Email:_____
Notes:_____
_____

Website:_____
Username/Login:_____
Password/Pin:_____
Email:_____
Notes:_____
_____

K

Website:_____
Username/Login:_____
Password/Pin:_____
Email:_____
Notes:_____
_____

Website:_____
Username/Login:_____
Password/Pin:_____
Email:_____
Notes:_____
_____

Website:_____
Username/Login:_____
Password/Pin:_____
Email:_____
Notes:_____
_____

Website:_____
Username/Login:_____
Password/Pin:_____
Email:_____
Notes:_____
_____

K

Website:_____
Username/Login:_____
Password/Pin:_____
Email:_____
Notes:_____
_____

Website:_____
Username/Login:_____
Password/Pin:_____
Email:_____
Notes:_____
_____

Website:_____
Username/Login:_____
Password/Pin:_____
Email:_____
Notes:_____
_____

Website:_____
Username/Login:_____
Password/Pin:_____
Email:_____
Notes:_____
_____

K

Website:_____
Username/Login:_____
Password/Pin:_____
Email:_____
Notes:_____
_____

Website:_____
Username/Login:_____
Password/Pin:_____
Email:_____
Notes:_____
_____

Website:_____
Username/Login:_____
Password/Pin:_____
Email:_____
Notes:_____
_____

Website:_____
Username/Login:_____
Password/Pin:_____
Email:_____
Notes:_____
_____

K

Website:_____
Username/Login:_____
Password/Pin:_____
Email:_____
Notes:_____
_____

Website:_____
Username/Login:_____
Password/Pin:_____
Email:_____
Notes:_____
_____

Website:_____
Username/Login:_____
Password/Pin:_____
Email:_____
Notes:_____
_____

Website:_____
Username/Login:_____
Password/Pin:_____
Email:_____
Notes:_____
_____

L

Website:_____
Username/Login:_____
Password/Pin:_____
Email:_____
Notes:_____
_____

Website:_____
Username/Login:_____
Password/Pin:_____
Email:_____
Notes:_____
_____

Website:_____
Username/Login:_____
Password/Pin:_____
Email:_____
Notes:_____
_____

Website:_____
Username/Login:_____
Password/Pin:_____
Email:_____
Notes:_____
_____

L

Website:_____
Username/Login:_____
Password/Pin:_____
Email:_____
Notes:_____
_____

Website:_____
Username/Login:_____
Password/Pin:_____
Email:_____
Notes:_____
_____

Website:_____
Username/Login:_____
Password/Pin:_____
Email:_____
Notes:_____
_____

Website:_____
Username/Login:_____
Password/Pin:_____
Email:_____
Notes:_____
_____

L

Website:_____
Username/Login:_____
Password/Pin:_____
Email:_____
Notes:_____
_____

Website:_____
Username/Login:_____
Password/Pin:_____
Email:_____
Notes:_____
_____

Website:_____
Username/Login:_____
Password/Pin:_____
Email:_____
Notes:_____
_____

Website:_____
Username/Login:_____
Password/Pin:_____
Email:_____
Notes:_____
_____

L

Website:_____
Username/Login:_____
Password/Pin:_____
Email:_____
Notes:_____
_____

Website:_____
Username/Login:_____
Password/Pin:_____
Email:_____
Notes:_____
_____

Website:_____
Username/Login:_____
Password/Pin:_____
Email:_____
Notes:_____
_____

Website:_____
Username/Login:_____
Password/Pin:_____
Email:_____
Notes:_____
_____

M

Website:_____
Username/Login:_____
Password/Pin:_____
Email:_____
Notes:_____
_____

Website:_____
Username/Login:_____
Password/Pin:_____
Email:_____
Notes:_____
_____

Website:_____
Username/Login:_____
Password/Pin:_____
Email:_____
Notes:_____
_____

Website:_____
Username/Login:_____
Password/Pin:_____
Email:_____
Notes:_____
_____

M

Website:_____
Username/Login:_____
Password/Pin:_____
Email:_____
Notes:_____
_____

Website:_____
Username/Login:_____
Password/Pin:_____
Email:_____
Notes:_____
_____

Website:_____
Username/Login:_____
Password/Pin:_____
Email:_____
Notes:_____
_____

Website:_____
Username/Login:_____
Password/Pin:_____
Email:_____
Notes:_____
_____

M

Website:_____
Username/Login:_____
Password/Pin:_____
Email:_____
Notes:_____
_____

Website:_____
Username/Login:_____
Password/Pin:_____
Email:_____
Notes:_____
_____

Website:_____
Username/Login:_____
Password/Pin:_____
Email:_____
Notes:_____
_____

Website:_____
Username/Login:_____
Password/Pin:_____
Email:_____
Notes:_____
_____

M

Website:_____
Username/Login:_____
Password/Pin:_____
Email:_____
Notes:_____
_____

Website:_____
Username/Login:_____
Password/Pin:_____
Email:_____
Notes:_____
_____

Website:_____
Username/Login:_____
Password/Pin:_____
Email:_____
Notes:_____
_____

Website:_____
Username/Login:_____
Password/Pin:_____
Email:_____
Notes:_____
_____

N

Website:_____
Username/Login:_____
Password/Pin:_____
Email:_____
Notes:_____
_____

Website:_____
Username/Login:_____
Password/Pin:_____
Email:_____
Notes:_____
_____

Website:_____
Username/Login:_____
Password/Pin:_____
Email:_____
Notes:_____
_____

Website:_____
Username/Login:_____
Password/Pin:_____
Email:_____
Notes:_____
_____

N

Website:_____
Username/Login:_____
Password/Pin:_____
Email:_____
Notes:_____
_____

Website:_____
Username/Login:_____
Password/Pin:_____
Email:_____
Notes:_____
_____

Website:_____
Username/Login:_____
Password/Pin:_____
Email:_____
Notes:_____
_____

Website:_____
Username/Login:_____
Password/Pin:_____
Email:_____
Notes:_____
_____

N

Website:_____
Username/Login:_____
Password/Pin:_____
Email:_____
Notes:_____
_____

Website:_____
Username/Login:_____
Password/Pin:_____
Email:_____
Notes:_____
_____

Website:_____
Username/Login:_____
Password/Pin:_____
Email:_____
Notes:_____
_____

Website:_____
Username/Login:_____
Password/Pin:_____
Email:_____
Notes:_____
_____

N

Website:_____
Username/Login:_____
Password/Pin:_____
Email:_____
Notes:_____
_____

Website:_____
Username/Login:_____
Password/Pin:_____
Email:_____
Notes:_____
_____

Website:_____
Username/Login:_____
Password/Pin:_____
Email:_____
Notes:_____
_____

Website:_____
Username/Login:_____
Password/Pin:_____
Email:_____
Notes:_____
_____

O

Website:_____
Username/Login:_____
Password/Pin:_____
Email:_____
Notes:_____
_____

Website:_____
Username/Login:_____
Password/Pin:_____
Email:_____
Notes:_____
_____

Website:_____
Username/Login:_____
Password/Pin:_____
Email:_____
Notes:_____
_____

Website:_____
Username/Login:_____
Password/Pin:_____
Email:_____
Notes:_____
_____

O

Website:_____
Username/Login:_____
Password/Pin:_____
Email:_____
Notes:_____
_____

Website:_____
Username/Login:_____
Password/Pin:_____
Email:_____
Notes:_____
_____

Website:_____
Username/Login:_____
Password/Pin:_____
Email:_____
Notes:_____
_____

Website:_____
Username/Login:_____
Password/Pin:_____
Email:_____
Notes:_____
_____

O

Website:_____
Username/Login:_____
Password/Pin:_____
Email:_____
Notes:_____
_____

Website:_____
Username/Login:_____
Password/Pin:_____
Email:_____
Notes:_____
_____

Website:_____
Username/Login:_____
Password/Pin:_____
Email:_____
Notes:_____
_____

Website:_____
Username/Login:_____
Password/Pin:_____
Email:_____
Notes:_____
_____

O

Website:_____
Username/Login:_____
Password/Pin:_____
Email:_____
Notes:_____
_____

Website:_____
Username/Login:_____
Password/Pin:_____
Email:_____
Notes:_____
_____

Website:_____
Username/Login:_____
Password/Pin:_____
Email:_____
Notes:_____
_____

Website:_____
Username/Login:_____
Password/Pin:_____
Email:_____
Notes:_____
_____

P

Website:_____
Username/Login:_____
Password/Pin:_____
Email:_____
Notes:_____
_____

Website:_____
Username/Login:_____
Password/Pin:_____
Email:_____
Notes:_____
_____

Website:_____
Username/Login:_____
Password/Pin:_____
Email:_____
Notes:_____
_____

Website:_____
Username/Login:_____
Password/Pin:_____
Email:_____
Notes:_____
_____

P

Website:_____
Username/Login:_____
Password/Pin:_____
Email:_____
Notes:_____
_____

Website:_____
Username/Login:_____
Password/Pin:_____
Email:_____
Notes:_____
_____

Website:_____
Username/Login:_____
Password/Pin:_____
Email:_____
Notes:_____
_____

Website:_____
Username/Login:_____
Password/Pin:_____
Email:_____
Notes:_____
_____

P

Website:_____
Username/Login:_____
Password/Pin:_____
Email:_____
Notes:_____
_____

Website:_____
Username/Login:_____
Password/Pin:_____
Email:_____
Notes:_____
_____

Website:_____
Username/Login:_____
Password/Pin:_____
Email:_____
Notes:_____
_____

Website:_____
Username/Login:_____
Password/Pin:_____
Email:_____
Notes:_____
_____

P

Website:_____
Username/Login:_____
Password/Pin:_____
Email:_____
Notes:_____
_____

Website:_____
Username/Login:_____
Password/Pin:_____
Email:_____
Notes:_____
_____

Website:_____
Username/Login:_____
Password/Pin:_____
Email:_____
Notes:_____
_____

Website:_____
Username/Login:_____
Password/Pin:_____
Email:_____
Notes:_____
_____

Q

Website:_____
Username/Login:_____
Password/Pin:_____
Email:_____
Notes:_____
_____

Website:_____
Username/Login:_____
Password/Pin:_____
Email:_____
Notes:_____
_____

Website:_____
Username/Login:_____
Password/Pin:_____
Email:_____
Notes:_____
_____

Website:_____
Username/Login:_____
Password/Pin:_____
Email:_____
Notes:_____
_____

Q

Website:_____
Username/Login:_____
Password/Pin:_____
Email:_____
Notes:_____
_____

Website:_____
Username/Login:_____
Password/Pin:_____
Email:_____
Notes:_____
_____

Website:_____
Username/Login:_____
Password/Pin:_____
Email:_____
Notes:_____
_____

Website:_____
Username/Login:_____
Password/Pin:_____
Email:_____
Notes:_____
_____

Q

Website:_____
Username/Login:_____
Password/Pin:_____
Email:_____
Notes:_____
_____

Website:_____
Username/Login:_____
Password/Pin:_____
Email:_____
Notes:_____
_____

Website:_____
Username/Login:_____
Password/Pin:_____
Email:_____
Notes:_____
_____

Website:_____
Username/Login:_____
Password/Pin:_____
Email:_____
Notes:_____
_____

Q

Website:_____
Username/Login:_____
Password/Pin:_____
Email:_____
Notes:_____
_____

Website:_____
Username/Login:_____
Password/Pin:_____
Email:_____
Notes:_____
_____

Website:_____
Username/Login:_____
Password/Pin:_____
Email:_____
Notes:_____
_____

Website:_____
Username/Login:_____
Password/Pin:_____
Email:_____
Notes:_____
_____

R

Website:_____
Username/Login:_____
Password/Pin:_____
Email:_____
Notes:_____
_____

Website:_____
Username/Login:_____
Password/Pin:_____
Email:_____
Notes:_____
_____

Website:_____
Username/Login:_____
Password/Pin:_____
Email:_____
Notes:_____
_____

Website:_____
Username/Login:_____
Password/Pin:_____
Email:_____
Notes:_____
_____

R

Website:_____
Username/Login:_____
Password/Pin:_____
Email:_____
Notes:_____
_____

Website:_____
Username/Login:_____
Password/Pin:_____
Email:_____
Notes:_____
_____

Website:_____
Username/Login:_____
Password/Pin:_____
Email:_____
Notes:_____
_____

Website:_____
Username/Login:_____
Password/Pin:_____
Email:_____
Notes:_____
_____

R

Website:_____
Username/Login:_____
Password/Pin:_____
Email:_____
Notes:_____
_____

Website:_____
Username/Login:_____
Password/Pin:_____
Email:_____
Notes:_____
_____

Website:_____
Username/Login:_____
Password/Pin:_____
Email:_____
Notes:_____
_____

Website:_____
Username/Login:_____
Password/Pin:_____
Email:_____
Notes:_____
_____

R

Website:_____
Username/Login:_____
Password/Pin:_____
Email:_____
Notes:_____
_____

Website:_____
Username/Login:_____
Password/Pin:_____
Email:_____
Notes:_____
_____

Website:_____
Username/Login:_____
Password/Pin:_____
Email:_____
Notes:_____
_____

Website:_____
Username/Login:_____
Password/Pin:_____
Email:_____
Notes:_____
_____

S

Website:_____
Username/Login:_____
Password/Pin:_____
Email:_____
Notes:_____
_____

Website:_____
Username/Login:_____
Password/Pin:_____
Email:_____
Notes:_____
_____

Website:_____
Username/Login:_____
Password/Pin:_____
Email:_____
Notes:_____
_____

Website:_____
Username/Login:_____
Password/Pin:_____
Email:_____
Notes:_____
_____

S

Website:_____
Username/Login:_____
Password/Pin:_____
Email:_____
Notes:_____
_____

Website:_____
Username/Login:_____
Password/Pin:_____
Email:_____
Notes:_____
_____

Website:_____
Username/Login:_____
Password/Pin:_____
Email:_____
Notes:_____
_____

Website:_____
Username/Login:_____
Password/Pin:_____
Email:_____
Notes:_____
_____

S

Website:_____
Username/Login:_____
Password/Pin:_____
Email:_____
Notes:_____
_____

Website:_____
Username/Login:_____
Password/Pin:_____
Email:_____
Notes:_____
_____

Website:_____
Username/Login:_____
Password/Pin:_____
Email:_____
Notes:_____
_____

Website:_____
Username/Login:_____
Password/Pin:_____
Email:_____
Notes:_____
_____

S

Website:_____
Username/Login:_____
Password/Pin:_____
Email:_____
Notes:_____
_____

Website:_____
Username/Login:_____
Password/Pin:_____
Email:_____
Notes:_____
_____

Website:_____
Username/Login:_____
Password/Pin:_____
Email:_____
Notes:_____
_____

Website:_____
Username/Login:_____
Password/Pin:_____
Email:_____
Notes:_____
_____

T

Website:_____
Username/Login:_____
Password/Pin:_____
Email:_____
Notes:_____
_____

Website:_____
Username/Login:_____
Password/Pin:_____
Email:_____
Notes:_____
_____

Website:_____
Username/Login:_____
Password/Pin:_____
Email:_____
Notes:_____
_____

Website:_____
Username/Login:_____
Password/Pin:_____
Email:_____
Notes:_____
_____

T

Website:_____
Username/Login:_____
Password/Pin:_____
Email:_____
Notes:_____
_____

Website:_____
Username/Login:_____
Password/Pin:_____
Email:_____
Notes:_____
_____

Website:_____
Username/Login:_____
Password/Pin:_____
Email:_____
Notes:_____
_____

Website:_____
Username/Login:_____
Password/Pin:_____
Email:_____
Notes:_____
_____

T

Website:_____
Username/Login:_____
Password/Pin:_____
Email:_____
Notes:_____
_____

Website:_____
Username/Login:_____
Password/Pin:_____
Email:_____
Notes:_____
_____

Website:_____
Username/Login:_____
Password/Pin:_____
Email:_____
Notes:_____
_____

Website:_____
Username/Login:_____
Password/Pin:_____
Email:_____
Notes:_____
_____

T

Website:_____
Username/Login:_____
Password/Pin:_____
Email:_____
Notes:_____
_____

Website:_____
Username/Login:_____
Password/Pin:_____
Email:_____
Notes:_____
_____

Website:_____
Username/Login:_____
Password/Pin:_____
Email:_____
Notes:_____
_____

Website:_____
Username/Login:_____
Password/Pin:_____
Email:_____
Notes:_____
_____

U

Website:_____
Username/Login:_____
Password/Pin:_____
Email:_____
Notes:_____
_____

Website:_____
Username/Login:_____
Password/Pin:_____
Email:_____
Notes:_____
_____

Website:_____
Username/Login:_____
Password/Pin:_____
Email:_____
Notes:_____
_____

Website:_____
Username/Login:_____
Password/Pin:_____
Email:_____
Notes:_____
_____

U

Website:_____
Username/Login:_____
Password/Pin:_____
Email:_____
Notes:_____
_____

Website:_____
Username/Login:_____
Password/Pin:_____
Email:_____
Notes:_____
_____

Website:_____
Username/Login:_____
Password/Pin:_____
Email:_____
Notes:_____
_____

Website:_____
Username/Login:_____
Password/Pin:_____
Email:_____
Notes:_____
_____

U

Website:_____
Username/Login:_____
Password/Pin:_____
Email:_____
Notes:_____
_____

Website:_____
Username/Login:_____
Password/Pin:_____
Email:_____
Notes:_____
_____

Website:_____
Username/Login:_____
Password/Pin:_____
Email:_____
Notes:_____
_____

Website:_____
Username/Login:_____
Password/Pin:_____
Email:_____
Notes:_____
_____

U

Website:_____
Username/Login:_____
Password/Pin:_____
Email:_____
Notes:_____
_____

Website:_____
Username/Login:_____
Password/Pin:_____
Email:_____
Notes:_____
_____

Website:_____
Username/Login:_____
Password/Pin:_____
Email:_____
Notes:_____
_____

Website:_____
Username/Login:_____
Password/Pin:_____
Email:_____
Notes:_____
_____

V

Website:_____
Username/Login:_____
Password/Pin:_____
Email:_____
Notes:_____
_____

Website:_____
Username/Login:_____
Password/Pin:_____
Email:_____
Notes:_____
_____

Website:_____
Username/Login:_____
Password/Pin:_____
Email:_____
Notes:_____
_____

Website:_____
Username/Login:_____
Password/Pin:_____
Email:_____
Notes:_____
_____

V

Website:_____
Username/Login:_____
Password/Pin:_____
Email:_____
Notes:_____
_____

Website:_____
Username/Login:_____
Password/Pin:_____
Email:_____
Notes:_____
_____

Website:_____
Username/Login:_____
Password/Pin:_____
Email:_____
Notes:_____
_____

Website:_____
Username/Login:_____
Password/Pin:_____
Email:_____
Notes:_____
_____

V

Website:_____
Username/Login:_____
Password/Pin:_____
Email:_____
Notes:_____
_____

Website:_____
Username/Login:_____
Password/Pin:_____
Email:_____
Notes:_____
_____

Website:_____
Username/Login:_____
Password/Pin:_____
Email:_____
Notes:_____
_____

Website:_____
Username/Login:_____
Password/Pin:_____
Email:_____
Notes:_____
_____

V

Website:_____
Username/Login:_____
Password/Pin:_____
Email:_____
Notes:_____
_____

Website:_____
Username/Login:_____
Password/Pin:_____
Email:_____
Notes:_____
_____

Website:_____
Username/Login:_____
Password/Pin:_____
Email:_____
Notes:_____
_____

Website:_____
Username/Login:_____
Password/Pin:_____
Email:_____
Notes:_____
_____

Website:_____
Username/Login:_____
Password/Pin:_____
Email:_____
Notes:_____
_____

Website:_____
Username/Login:_____
Password/Pin:_____
Email:_____
Notes:_____
_____

Website:_____
Username/Login:_____
Password/Pin:_____
Email:_____
Notes:_____
_____

Website:_____
Username/Login:_____
Password/Pin:_____
Email:_____
Notes:_____
_____

Website:_____
Username/Login:_____
Password/Pin:_____
Email:_____
Notes:_____
_____

Website:_____
Username/Login:_____
Password/Pin:_____
Email:_____
Notes:_____
_____

Website:_____
Username/Login:_____
Password/Pin:_____
Email:_____
Notes:_____
_____

Website:_____
Username/Login:_____
Password/Pin:_____
Email:_____
Notes:_____
_____

Website:_____
Username/Login:_____
Password/Pin:_____
Email:_____
Notes:_____
_____

Website:_____
Username/Login:_____
Password/Pin:_____
Email:_____
Notes:_____
_____

Website:_____
Username/Login:_____
Password/Pin:_____
Email:_____
Notes:_____
_____

Website:_____
Username/Login:_____
Password/Pin:_____
Email:_____
Notes:_____
_____

Website:_____
Username/Login:_____
Password/Pin:_____
Email:_____
Notes:_____
_____

Website:_____
Username/Login:_____
Password/Pin:_____
Email:_____
Notes:_____
_____

Website:_____
Username/Login:_____
Password/Pin:_____
Email:_____
Notes:_____
_____

Website:_____
Username/Login:_____
Password/Pin:_____
Email:_____
Notes:_____
_____

X

Website:_____
Username/Login:_____
Password/Pin:_____
Email:_____
Notes:_____
_____

Website:_____
Username/Login:_____
Password/Pin:_____
Email:_____
Notes:_____
_____

Website:_____
Username/Login:_____
Password/Pin:_____
Email:_____
Notes:_____
_____

Website:_____
Username/Login:_____
Password/Pin:_____
Email:_____
Notes:_____
_____

X

Website:_____
Username/Login:_____
Password/Pin:_____
Email:_____
Notes:_____
_____

Website:_____
Username/Login:_____
Password/Pin:_____
Email:_____
Notes:_____
_____

Website:_____
Username/Login:_____
Password/Pin:_____
Email:_____
Notes:_____
_____

Website:_____
Username/Login:_____
Password/Pin:_____
Email:_____
Notes:_____
_____

X

Website:_____
Username/Login:_____
Password/Pin:_____
Email:_____
Notes:_____
_____

Website:_____
Username/Login:_____
Password/Pin:_____
Email:_____
Notes:_____
_____

Website:_____
Username/Login:_____
Password/Pin:_____
Email:_____
Notes:_____
_____

Website:_____
Username/Login:_____
Password/Pin:_____
Email:_____
Notes:_____
_____

X

Website:_____
Username/Login:_____
Password/Pin:_____
Email:_____
Notes:_____
_____

Website:_____
Username/Login:_____
Password/Pin:_____
Email:_____
Notes:_____
_____

Website:_____
Username/Login:_____
Password/Pin:_____
Email:_____
Notes:_____
_____

Website:_____
Username/Login:_____
Password/Pin:_____
Email:_____
Notes:_____
_____

Y

Website:_____
Username/Login:_____
Password/Pin:_____
Email:_____
Notes:_____
_____

Website:_____
Username/Login:_____
Password/Pin:_____
Email:_____
Notes:_____
_____

Website:_____
Username/Login:_____
Password/Pin:_____
Email:_____
Notes:_____
_____

Website:_____
Username/Login:_____
Password/Pin:_____
Email:_____
Notes:_____
_____

Y

Website:_____
Username/Login:_____
Password/Pin:_____
Email:_____
Notes:_____
_____

Website:_____
Username/Login:_____
Password/Pin:_____
Email:_____
Notes:_____
_____

Website:_____
Username/Login:_____
Password/Pin:_____
Email:_____
Notes:_____
_____

Website:_____
Username/Login:_____
Password/Pin:_____
Email:_____
Notes:_____
_____

Y

Website:_____
Username/Login:_____
Password/Pin:_____
Email:_____
Notes:_____
_____

Website:_____
Username/Login:_____
Password/Pin:_____
Email:_____
Notes:_____
_____

Website:_____
Username/Login:_____
Password/Pin:_____
Email:_____
Notes:_____
_____

Website:_____
Username/Login:_____
Password/Pin:_____
Email:_____
Notes:_____
_____

Y

Website:_____
Username/Login:_____
Password/Pin:_____
Email:_____
Notes:_____
_____

Website:_____
Username/Login:_____
Password/Pin:_____
Email:_____
Notes:_____
_____

Website:_____
Username/Login:_____
Password/Pin:_____
Email:_____
Notes:_____
_____

Website:_____
Username/Login:_____
Password/Pin:_____
Email:_____
Notes:_____
_____

Z

Website:_____
Username/Login:_____
Password/Pin:_____
Email:_____
Notes:_____
_____

Website:_____
Username/Login:_____
Password/Pin:_____
Email:_____
Notes:_____
_____

Website:_____
Username/Login:_____
Password/Pin:_____
Email:_____
Notes:_____
_____

Website:_____
Username/Login:_____
Password/Pin:_____
Email:_____
Notes:_____
_____

Z

Website:_____
Username/Login:_____
Password/Pin:_____
Email:_____
Notes:_____
_____

Website:_____
Username/Login:_____
Password/Pin:_____
Email:_____
Notes:_____
_____

Website:_____
Username/Login:_____
Password/Pin:_____
Email:_____
Notes:_____
_____

Website:_____
Username/Login:_____
Password/Pin:_____
Email:_____
Notes:_____
_____

Z

Website:_____
Username/Login:_____
Password/Pin:_____
Email:_____
Notes:_____
_____

Website:_____
Username/Login:_____
Password/Pin:_____
Email:_____
Notes:_____
_____

Website:_____
Username/Login:_____
Password/Pin:_____
Email:_____
Notes:_____
_____

Website:_____
Username/Login:_____
Password/Pin:_____
Email:_____
Notes:_____
_____

Z

Website:_____
Username/Login:_____
Password/Pin:_____
Email:_____
Notes:_____
_____

Website:_____
Username/Login:_____
Password/Pin:_____
Email:_____
Notes:_____
_____

Website:_____
Username/Login:_____
Password/Pin:_____
Email:_____
Notes:_____
_____

Website:_____
Username/Login:_____
Password/Pin:_____
Email:_____
Notes:_____
_____

Creating strong passwords

Many people use common words, like Password, 123456789, or their child's or pet's name, or a name combined with a birthdate or anniversary date. These are all easy to guess, especially if someone knows you. People also tend to use the same password for all, or most, of their online accounts, which means that if one account is hacked, they all can be very easily.

Follow these tips to create strong passwords.

- Strong passwords should contain at least 12 characters.

- Include letters (both upper and lower case), numbers, and symbols.

- Avoid words from the dictionary, family names, and places where you went to school, were born, or live.

- Do not reuse passwords.

- Do not use letters, numbers or symbols that are next to each other on the keyboard, like 'qwerty'.

Here are some examples:

    S&m2*il@3ee!VE:r)y%d#ay

    Hw#E@nLl*7p4o@sU3n^SH$8iN!0e

Or use random phrases sprinkled with symbols and numbers:

    Cre8*dr%lv@ing (Create driving)

Now make up your own!